Je prépare

ma nouvelle vie sans tabac

Damien Bellenger

Je prépare
ma nouvelle vie sans tabac

*Méthode unique pour apprendre à vous libérer
du tabac*

Institut DB 974 Éditions

Damien Bellenger

ISBN : 978-2-9574999-0-8

AVANT-PROPOS

Notification : Cette méthode est vendue avec la compréhension que ni l'auteur ni l'éditeur ne sont engagés dans la fourniture de services médicaux ou de santé physique. Les questions concernant la santé et les besoins spécifiques médicaux doivent être adressées aux membres pratiquants de ces professions. Ce programme n'est pas et ne remplace pas un traitement médical. En cas de doute, consultez votre médecin.

Cette méthode est le fruit de mon expérience et aussi conçue d'après l'étude de plusieurs œuvres.

« Le Recadrage » de Richard Bandler et John Grinder

« Hypnose » d'Olivier Lockert

« Mon programme pour en finir avec la cigarette » d'Allen Carr

Et aussi la formation sur le sevrage tabagique de Jonathan Allio

Retrouvez-moi sur www.institudb974-hypnose.com

Facebook @institutdb974

INTRODUCTION

Si vous avez achetez ce livre c'est que peut-être vous avez déjà essayé d'arrêter de fumer. Vous avez peut-être essayé les patchs et d'autres substituts et ça n'a pas marché. Rassurez-vous : vous n'êtes pas seul dans cette situation et c'est tout à fait normal ! Dans ce livre je vais vous expliquer pourquoi vous n'avez pas arrêté et surtout je vais vous expliquer comment vous pouvez arrêter de fumer sans aucune sensation de manque, sans aucun stress et sans prendre de poids.

Pourquoi vous n'arrivez pas à vous arrêter ?

Tous les fumeurs espèrent que leurs enfants ne commenceront pas, ce qui veut dire qu'ils auraient préférés, ne pas commencer eux-mêmes. Si vous avez déjà essayé d'arrêter de fumer et que vous fumez toujours ce n'est pas par choix mais parce que vos essais pour arrêter ont échoué.
A choisir, les fumeurs préféreraient tous être non-fumeurs, qu'est-ce qui les en n'empêche ?

Souvent ce qui rend les choses difficiles, c'est un tas d'idées reçues comme :

- « Je ne peux pas boire sans fumer une cigarette »
- « Je suis très angoissé quand je ne peux pas fumer »
- « Je ne peux pas imaginer un repas sans une cigarette »
- « Je panique si je m'aperçois que j'ai peu de cigarettes »
- « Je ne peux pas me relaxer, sans une cigarette »
- « J'ai besoin d'une cigarette face au stress et aux contraintes de la vie »
- « Lorsque j'ai arrêté de fumer, j'étais irritable et je n'arrivais plus à me concentrer »
- « J'ai peur si je m'arrête de ressentir ce manque toute ma vie »

Et rien ne marche ! Vous pensez sans doute que c'est difficile ou même impossible. C'est parce que vous n'avez pas encore trouvé la bonne méthode.

Lors de vos précédentes tentatives, vous avez certainement été obsédé par la cigarette, vous êtes même peut-être devenu irritable avec votre entourage. Vous avez peut-être compensé et pris du poids. Et si ce n'est pas le cas alors c'est peut-être l'une des peurs qui vous empêchent de franchir le pas de vous libérer de ce poison.

Aujourd'hui même si vous connaissez toutes les raisons pour lesquelles vous devriez arrêter de fumer, vous avez peur...Peur de devoir renoncer à votre béquille ou à votre plaisir, peur de ne plus profiter de la vie et de ne plus pouvoir faire face au stress. Peur de prendre du poids...peur de ne jamais réussir à vous libérer de la sensation d'être en manque. En parlant du manque, je ne sais pas pour vous mais moi il y a toujours quelque chose qui m'a surpris avec les substituts nicotiniques.

C'est que tous les fumeurs qui viennent me voir me disent que lorsqu'ils étaient sous patchs, ils avaient quand même envie de fumer. Et quand on y pense c'est surprenant : ces personnes reçoivent d'énorme quantité de nicotine et elles ont quand même envie de fumer. C'est même surprenant que vous ne vous réveilliez pas la nuit, en crise de manque toutes les heures pour aller fumer. Le fait est que l'on vous cache la vérité sur votre dépendance à la cigarette et vous n'avez pas encore réussi à arrêter de fumer parce que vous avez traité la mauvaise cause de votre dépendance.

Si votre voiture est en panne d'essence, ce n'est pas en changeant les pneus que vous allez la faire repartir. Alors voici le secret pas très avouable de l'industrie pharmaceutique qui leur fait gagner des millions d'euros sur votre dos. La principale raison qui vous pousse à fumer ce n'est pas la dépendance physique...c'est la dépendance psychologique.

Et je voudrais vous donner un exemple que vous avez certainement vécu pour que vous en preniez conscience ici et maintenant. Avant de vous donner cet exemple je voudrais vous parler de ce qui se passe quand vous faites un cauchemar. Quand vous faites un cauchemar qui est vraiment terrible vous pouvez vous réveiller en pleine nuit, en sueur, avec les jambes qui flagellent, le cœur qui palpite. Il se passe que votre imagination, durant votre sommeil, a envoyé des signaux à votre corps comme si la situation était belle et bien réelle. Vous vous demandez certainement pourquoi je vous parle de ça et bien je voudrais comparer la situation du cauchemar à votre expérience de fumeur pour vous montrer que ce qui se passe dans votre tête peut envoyer des signaux à votre corps même si ce n'est pas réel. Prenons le cas de figure de la cigarette du matin qui vous aide à sortir de la brume ou bien de la cigarette qui vous tient éveillé au volant et dans le même temps, celle du soir qui vous apaise avant d'aller vous coucher ou qui vous calmc dans une situation de stress. J'ai une question pour vous : Comment c'est possible ? Comment le même produit peut provoquer deux effets diamétralement opposés ? Vous avez envie que la cigarette vous tienne éveillé elle vous tient éveillé...vous avez envie qu'elle vous apaise alors elle vous apaise. C'est vraiment un produit miracle ! Car dans la réalité, ce n'est pas possible ! Au fond, Vous fumez principalement pour 2 raisons :

1- Par habitude : avec une tasse de café, après le repas, avec des amis, en conduisant...

2- Pour gérer vos émotions dans certains contextes. Vous fumez quand vous êtes stressé ou quand vous vous sentez seul par exemple. Votre dépendance à la cigarette est une dépendance psychologique très puissante parce qu'elle est située au plus profond de votre esprit, c'est à dire dans votre inconscient.

Et comme je viens de vous le démontrer, ce qui se passe dans votre tête peut affecter votre corps ou les sensations que vous percevez comme étant réelles. Et le meilleur moyen pour impacter ce qui se passe dans votre tête et résoudre le conflit intérieur que vous vivez : c'est cette méthode !

Ce programme aide à enclencher ou redémarrer des mécanismes chimiques ou des processus émotionnels qui étaient remplacés par l'addiction. Il permet de se rassurer avant d'arrêter l'addiction.

Fermez les yeux : et imaginez que vous vous réveillez demain matin et vous avez arrêté de fumer. Vous avez retrouvé votre liberté. Respiration profonde, vous vous sentez bien, vous vous sentez plus jeune, vous avez plus d'énergie, quand les gens fument autour de vous cela ne vous fait rien...vous avez plus d'argent à dépenser pour des choses qui vous font vraiment plaisir à vous et vos proches. Vous avez tout simplement repris le contrôle de votre vie ! Tout cela n'est pas un rêve.

C'est possible grâce au programme à domicile de ce livre pour arrêter de fumer que j'ai mis au point. Je suis hypnothérapeute spécialisé dans l'arrêt du tabac. Des centaines de fumeurs ont déjà arrêté de fumer grâce à ma méthode. Si j'ai décidé de faire évoluer mon programme grâce à ce livre c'est simplement pour donner à plus de personnes la possibilité de se libérer de ce poison. 3 personnes sur 4 que je reçois au cabinet arrêtent définitivement de fumer au bout de la méthode.

Dès les premières pages de ce livre, vous pourrez déjà constater à quel point votre relation à la cigarette a changé et comment votre état d'esprit se modifie. Alors, cette méthode est vraiment efficace, il y a cependant un point sur lequel j'attire votre attention. Ce n'est pas une baguette magique et vous devez réellement avoir envie de retrouver votre liberté pour que le résultat soit positif, même si le programme que je vous propose se déroule depuis chez vous, sans avoir besoin de vous déplacer. Vous pourrez remarquer un détachement vis à vis de la cigarette. Si aujourd'hui vous ne faites rien, vous connaissez ce que ça vous coûter. Vous connaissez les coûts pour votre santé bien sûr. Et dans un an, c'est encore plein d'argent qui sera parti en fumée et plus dans 5 ans, 10 ans etc... Et vous savez très bien que si vous faites et choisissez les mêmes méthodes que par le passé alors vous aurez les mêmes résultats, ou vous pouvez décider MAINTENANT de choisir une nouvelle méthode qui a marché pour beaucoup de mes consultants et il n'y a aucune raison que cela ne fonctionne pas pour vous. Alors prêt pour retrouver votre liberté, votre santé et votre pouvoir d'achat ?

VOS MOTIVATIONS & ET VOS PEURS

Notez, dans la colonne de gauche, de 0 à 10 les phrases ci-dessous afin de savoir où vous en êtes aujourd'hui avec la cigarette

10 = je suis très concerné > 0 = je ne me sens pas concerné

Je me sens esclave de la cigarette

Je veux retrouver du pouvoir d'achat

J'ai envie d'avoir un enfant / Je suis enceinte

Je ne veux plus donner le mauvais exemple

J'en ai assez des mauvaises odeurs

Je manque de souffle

J'en ai assez de la toux, des maux de gorge

Mes proches aimeraient que j'arrête

La peur de souffrir d'une maladie

La peur de mourir avant l'heure

Je ne pourrais pas me passer de mes habitudes

J'ai peur d'être énervé(e) ou irritable

J'ai peur de perdre mes moments de plaisir

J'ai peur d'avoir des effets de manque (nicotine)

J'ai peur de perdre ma béquille, mon doudou

J'ai peur de compenser et de prendre du poids

J'ai peur de tomber dans une autre dépendance

J'ai peur de vivre un autre échec

Quelle note mettez-vous à votre motivation ?

À SAVOIR

Les consommateurs de tabac ont besoin d'une aide au sevrage

Les études montrent que peu de gens connaissent les risques particuliers de la consommation de tabac pour la santé. Mais quand ils prennent conscience des dangers du tabac, la plupart des fumeurs veulent arrêter de fumer.

Sans aide au sevrage tabagique, seules 4 % des tentatives de sevrage aboutissent.

L'aide professionnelle et la prise de médicaments à l'efficacité avérée pour arrêter de fumer peuvent plus que doubler les chances de succès d'un fumeur qui essaie d'arrêter.

Source : Organisation mondiale de la santé :
https://www.who.int/fr/news-room/fact-sheets/detail/tobacco

COMMENT RETROUVER SA LIBERTE ?

Alors, « retrouvez votre liberté », eh bien c'est ce que je vous propose en consultant ce programme, mais dans votre tête, ce n'est pas forcément ça.

Vous, vous êtes plutôt décidé à arrêter de fumer.

Et pour arrêter de fumer, vous avez choisi cette méthode pour que je vous aide à retrouver votre liberté. Et donc, vous avez décidé d'acheter ce livre car ça fait longtemps que vous vous dites : « c'est décidé, demain j'arrête. » Eh oui on va faire en sorte que ça devienne réalité. La fenêtre de tir est quand même plutôt restreinte parce qu'il ne faut pas trop de stress parce que si vous vous dites que vous avez du stress dans la période où vous souhaitez arrêter, alors vous risquez d'échouer. Il ne faut pas trop de fiestas avec les amis pour ne pas trop les voir fumer, pas trop de vacances (apéro, barbecue), etc…

Donc en gros, Il faut trouver la fenêtre de tir pour bien vous accompagner dans cette démarche qui est d'arrêter de fumer.

Aujourd'hui vous décidez de commencer ce livre avec un objectif qui est celui d'arrêter de fumer et comme vous pouvez le constater, c'est un objectif qui est négatif. « Je veux arrêter de fumer ».

Alors oui, l'intention est positive mais l'objectif est négatif. Pourquoi ?

Et si je vous dis « Ne pensez pas, mais ne pensez surtout pas à une voiture rouge, ne pensez pas !!! ». Il y a 90% de chances, voire 95% de chance, voire 98% de chance que vous pensiez à la voiture rouge.

Et c'est tout à fait normal parce que votre inconscient ne connait pas la négation. Et du coup si vous vous dites « je veux arrêter de fumer », on est sur quelque chose qui est négatif. Comme vous pensez à la voiture rouge et bien là, vous ne pensez qu'à fumer.

Votre inconscient ne comprend pas la négativité, à partir du moment où vous ramenez une notion positive ou négative, votre inconscient garde la notion.

Exemple : si vous dites à un enfant qui grimpe une échelle « Fais attention de ne pas tomber ! », l'enfant va se reproduire la chute dans sa tête. Alors que si vous lui dites « Fais attention, garde bien ton équilibre ! », il va se concentrer sur ses appuis.

Et en plus de ça, vous avez des bénéfices secondaires que vous pensez que la cigarette vous amène. Ces fameux boulets que vous trainez au pied. Cette cigarette gère votre stress, cette cigarette vous donne du plaisir, cette cigarette vous calme et vous apaise. Et surtout vous avez du mal à imaginer votre vie sans. Et surtout vous vous dites dans votre tête consciemment ou inconsciemment que si on m'enlève ma cigarette, je n'ai plus rien pour gérer mon stress, je n'aurai plus de plaisir et je ne serais plus calme et plus serein.

Et du coup d'ici la fin de ce livre, il serait bien que vous trouviez des objectifs positifs... Parce que oui, votre objectif est de retrouver votre liberté, de ne plus être esclave de la cigarette, vous avez peut-être envie de retrouver votre santé, d'économiser de l'argent.

Il est temps d'aller chercher ce pourquoi vous décidez aujourd'hui de devenir non-fumeur(se).

Quelle serait votre première motivation pour devenir non-fumeur(se) ?

Santé, pouvoir d'achat, liberté, concentration, gestion du stress, respect de soi etc…

Les lois sur les restrictions torturent encore plus les fumeurs car ils se sentent nerveux de ne pouvoir fumer. Du coup lorsqu'ils fument, ce moment devient plaisir et soulagement.

La liberté, c'est de pouvoir aller au restaurant sans cigarette comme faire un voyage en avion, une sortie cinéma etc...

La nicotine disparait de votre corps en 48 heures maximum.

Il ne faut pas arrêter de fumer mais trouver la liberté d'être non-fumeur(se).

Souvent on sait ce qu'on ne veut pas mais qu'en est-il de ce qu'on veut.

Imaginez-vous rentrer dans un magasin de vêtements où la vendeuse ou le vendeur vous reçoit et vous demande ce que vous souhaitez et vous de répondre « Je ne veux pas de pantalon, de robe, de jupe etc... » Que voulez-vous alors ? « Juste un T-shirt ».

Et c'est pareil dans votre vie, alors commencez à savoir ce que vous voulez. Posez-vous ces questions :

— Qu'est-ce que je veux vraiment ?

— Pourquoi ?

— En quoi ça va changer ma vie ?

— Et si je m'imagine dans 3 ans ayant atteint cet objectif

d'être non-fumeur(se), ce sera comment ?

— Qu'est-ce qui m'empêche aujourd'hui de réaliser mon souhait ?

— Qu'est-ce que je peux mettre en place pour que ce soit un succès ?

A vous de jouer !!!

En tout cas vous devez trouver tout ce qui va vous apporter du bonheur dans le fait de vous libérer de cet esclavage, et pour faire ça, et bien on va suivre un schéma que vous avez déjà suivi à de multiples reprises.

Lorsque vous avez à prendre des décisions dans votre vie de tous les jours pour vous ou votre famille ou votre entourage, et bien consciemment ou inconsciemment, vous avez pesé le pour et le contre de la situation en fonction de ce qui était le plus important. Vous vous être positionné, un peu du style :

Je le fais, ça me fait quoi ? Et si je ne le fais pas, ça me fait quoi aussi ? Donc vous vous êtes imaginé et peut-être vu dans chaque cas de figure, et en fonction du cas de figure qui était le plus positif pour vous, vous vous êtes positionné. Et si vous faisiez ça pour la cigarette. Eh bien vous auriez déjà arrêté depuis longtemps et surtout vous n'auriez pas besoin de moi. Si vous aviez pris une feuille blanche en mettant de chaque côté ce que je gagne à fumer et ce que je perds à fumcr. Il y aurait 1 des 2 colonnes qui aurait été plus remplie que l'autre. Eh bien tout simplement, ces bénéfices conscients à l'idée d'arrêter de fumer, c'est ce que vous allez devoir réfléchir. En gros, qu'est-ce que ça va vous apporter d'arrêter de fumer comme bénéfices ? Vous allez économiser de l'argent, vous allez retrouver votre santé, vous allez retrouver votre liberté…

Et du coup ça va vous aider à vous projeter inconsciemment. Si je les reprends :

Je veux économiser de l'argent, ok, alors qu'est-ce que j'en fais ? Je veux partir en vacances, ok, où ça, dans quel hôtel, avec qui, combien de temps ? Etc…

Je retrouve de la santé, ok, ça veut dire quoi ? Plus de souffle, moins de toux, moins de cracha, moins de douleurs…

Je me réveille dans de bonnes conditions.

Vous allez voir qu'en faisant tout cela, vous allez même pouvoir amener vos bénéfices secondaires avec vous mais sans qu'ils soient reliés à la cigarette. Imaginez juste un instant que vous allez pouvoir maîtriser votre stress, que vous allez pouvoir vivre des moments de plaisir, que vous allez pouvoir être calme et serein mais sans la cigarette. C'est exactement le parcours que vous ferez d'ici la fin de ce livre pour être enfin non-fumeur(se) toute votre vie.

Et si pour arrêter de fumer, vous deviez changer votre point de vue. Admettons, demain matin, là, vous fermez les yeux et vous imaginez que vous êtes non-fumeur(se), pas de toux au réveil, vous avez bien dormi donc vous avez un sommeil récupérateur. Qu'est-ce que ça vous fait ?
Eh bien si vous acceptez de changer de point de vue, c'est tout simplement la vie que vous pouvez avoir.

Qu'est-ce qui se passe au niveau de votre cerveau ? Jusqu'à aujourd'hui, vous avez traité les mauvaises causes de votre dépendance à la cigarette jusqu'à aujourd'hui. Vous avez essentiellement travaillé cette dépendance qui est une dépendance chimique parce qu'on vous a dit qu'il fallait y travailler. En fait, voilà ce qu'il se passe.
Vous avez votre partie consciente et votre partie inconsciente
On va solutionner le conflit entre les 2 parties
Le conscient c'est quoi, c'est la raison, c'est tout ce qui est logique, c'est le pilote manuel : « Il faut que j'arrête de fumer ».

L'inconscient : « C'est plus fort que moi ! » c'est le pilote automatique.

C'est ce conflit intérieur que vous vivez qui semble insurmontable. Pour que vous compreniez, c'est que la partie consciente, c'est cette partie qui fait que là, on est en train de se parler, la partie inconsciente, c'est tout ce qui est physiologique, quand vous marchez dans la rue, vous ne dites pas à chaque muscle de se contracter, c'est inconscient, quand vous attrapé un rhume, vous ne dites pas à chaque globule blanc d'aller combattre le virus, c'est inconscient, votre cœur bat seul etc…

L'inconscient gère aussi vos émotions. Quand vous regardez une bonne comédie, vous riez de façon spontanée, vous ne vous dites pas « Tiens il faut que je rigole maintenant ! ». Et l'inconscient gère aussi la créativité et l'intuition. Il fonctionne tout le temps et peut s'occuper de millions de tâches en même temps.

Admettons que lorsque vous étiez plus jeune vous vous êtes brûlé avec une braise et bien votre inconscient à ancrer à vie qu'il ne fallait plus toucher les braises même consciemment parce que ça fait mal.

Et lorsque vous avez appris à marcher, vous avez appris consciemment et vous avez continué malgré les chutes qui font mal et vous avez recommencé, c'était un apprentissage conscient et maintenant vous marchez de façon inconsciente. Et c'est pareil pour la cigarette, c'est-à-dire que la première cigarette de votre vie que vous avez mise dans votre bouche, vous l'avez fait de manière complètement consciente et, pareil, c'était un apprentissage parce que c'était dégoutant, parce que ça vous a donné mal au crâne, parce que ça vous a donné envie de vomir. Votre inconscient vous a envoyé des signaux pour arrêter ça mais vous, vous avez continué votre apprentissage et aujourd'hui, c'est devenu automatique comme la marche.

Du coup vous devez résoudre ce conflit intérieur que vous avez en vous parce qu'aujourd'hui, c'est sûr que vous ne pouvez pas imaginer arrêter de fumer. Il y a toujours ce conflit où vous dites que vous devez arrêter la cigarette et que vous en fumez encore 20 par jour. Donc en résolvant ce conflit intérieur, vous pourrez retrouver votre liberté et faire en sorte qu'à la fin de ce livre vous soyez non-fumeur(se) et non-fumeur(se) toute votre vie.

LE CONTACT DES 1ERES CIGARETTES

Le contact des 1eres cigarettes commence souvent à l'adolescence, pour faire un peu comme les autres. Ça complote derrière les toilettes au collège.

L'adolescence est une situation difficile, on essaie de s'affirmer, de trouver sa voie, son style.

Le fait d'appartenir au groupe des fumeurs vous fait vous sentir beaucoup mieux. Vous pensez être entouré de camarades qui vous comprennent.

Vous appartenez au groupe des grands. Et du coup votre inconscient se dit quoi ? il se dit, si je lui enlève la cigarette, il va redevenir comme avant et moi je n'ai pas envie. Et l'ancrage se fait comme ça, de façon inconsciente.

LA PIZZERIA

On va imaginer autre chose, on va imaginer que vous allez dans une pizzéria, avec des amis, qui ouvre à côté de chez vous parce que tout simplement vous avez envie de faire marcher le commerce local. Vous y allez à 6, vous et 5 de vos amis. Le patron est sympa, il offre l'apéritif de bienvenue parce qu'il ouvre et puis vous mangez chacun, chacune une pizza différente.

Il y a un petit problème, c'est qu'à la fin du repas, il y a 3 de vos amis qui décèdent. Alors on ne comprend pas grand-chose, les pompiers arrivent puis la police, une enquête débute. On découvre, en fait, que le pizzaiolo a une recette particulière, il met de l'arsenic dans une pizza sur deux. Alors, du coup, vous passez à travers mais il y a quand même la moitié de vos amis qui sont décédés. Une enquête est en cours pendant 1 semaine, du coup fermeture administrative. Puis la pizzéria réouvre.

Qu'est-ce que vous faites le soir de la réouverture ? Vous, qui venez de passer la semaine à enterrer la moitié de vos amis. Est-ce que vous refaites confiance à ce pizzaiolo ?

Bien sûr que non !!! Ok, très bien, je vous comprends.

Et pourtant vous êtes fumeur, et vous savez que le tabac tue 1 personne sur 2 et pourtant vous y retournez quand même tous les jours chez votre buraliste.

Alors comment avez-vous l'intelligence de comprendre et d'analyser cette situation, mais pas de le faire avec la cigarette qui tue un fumeur sur deux.

Dites-vous qu'à un moment donné, si vous continuez de fumer, c'est qu'on vous a fait croire que le tabac était bon pour vous. On va comprendre comment l'industrie du tabac vous a manipulé. Vous savez que fumer est nocif, tue et pourtant tous les jours vous continuez d'aller chez votre buraliste.

Comment l'industrie du tabac a-t-elle pu vous manipulée ? Alors, vous avez compris que la cigarette tue 1 personne sur 2 et que vous n'irez pas manger dans cette pizzéria qui propose des pizzas à l'arsenic. Peut-être, connaissez-vous des personnes proches de vous décédées ou malades par le tabac ? Et pourtant vous fumez tous les jours. Et toutes ces choses qu'on a pu vous faire croire, vous paraissent tellement vraies que ça parait impossible de vous en délivrer.

En parlant de manger, vous êtes-vous déjà demandé comment il est difficile de vendre de la confiture maison car il faut respecter des normes d'hygiène et faire attention aux produits mis dans la confiture ainsi que la date de consommation. Qu'en est-il de la cigarette qui tue et qui est vendue en vente libre avec plus de 4000 produits toxiques à l'intérieur ? Posons-nous les bonnes questions.

Réglementation des produits du tabac

Le tabac est l'un des rares produits commerciaux librement disponibles qui ne soit pratiquement soumis à aucune réglementation pour ce qui est de sa composition et de ses émissions

Source : Organisation mondiale de la santé : https://www.who.int/tobacco/industry/fr/

LA MANIPULATION DE L'INDUSTRIE DU TABAC

Alors, déjà cette industrie du tabac, elle vous a prise au berceau avec la mise en place de croyances inconscientes parce qu'en effet, lorsqu'on est gamin, lorsqu'on va aux fêtes d'anniversaire avec le joli costume de Lucky Luke, eh bien on veut tous les accessoires qui vont avec. Et par conséquent les cigarettiers ont mis en place ce genre d'accessoires comme les cigarettes en chocolat.

L'industrie du tabac a tout fait pour vous prendre dès le berceau et mettre en place certaines croyances inconscientes pour faire comme les grands et ça continue encore et encore. Là, ceux sont des croyances inconscientes liées à notre enfance, mais vous allez voir d'autres croyances telles que des croyances collectives. Vous allez voir qu'il y a des choses dites sur le tabac, dont on ne sait pas d'où ça vient, on n'en sait strictement rien, on nous a dit qu'on nous a dit qu'on nous a dit que tout fumeur qui arrête de fumer va prendre 20 kilos. Personne ne sait d'où ça vient mais tout le monde le dit (rumeur). On ne sait pas d'où ça vient, on a aucune explication logique mais tout le monde va le dire. Donc on va voir comment cet inconscient collectif a pu se mettre en place.

LA PUBLICITE

On va parler des publicités faites dans les années 50 à 80, celles que nos parents, grands-parents, ou vous-même ont pu voir. Elles participent à cet inconscient collectif. Alors on va commencer avec tout ce qui concerne les mamans car figurez-vous qu'il y a quelque chose de fort, c'est que la majorité des femmes enceintes arrivent à arrêter de fumer sans aide pendant leur grossesse du jour au lendemain et il y a certaines pour qui c'est un peu plus compliqué. Surprenant !!! Attention, certaines femmes reprennent après l'accouchement ou alors à la fin de l'allaitement mais en tout cas du jour où elles apprennent qu'elles sont enceintes et bien elles vont arrêter sans peur, sans stress, sans manque sans rien du tout ; de manière un petit peu magique d'ailleurs, car on vous dit que votre dépendance elle est chimique, accro à la nicotine, c'est quand même surprenant de voir ces femmes enceintes arrêter juste parce qu'elles sont enceintes. A croire qu'elles déclenchent une hormone pour l'arrêt du tabac. Et encore pas toutes les femmes, donc on est en droit de se poser la question, comment font-elles si ce n'est pas chimique ?

L'industrie du tabac l'a remarqué et du coup a fait passer des messages, via des campagnes publicitaires, aussi clairs que, si vous êtes enceinte vous pouvez fumer.

Beaucoup de publicitaires payés par l'industrie du tabac ont utilisé l'image du médecin pour apparaitre dans des pubs aux U.S.A et en France. Le médecin, c'est comme le notaire, le pharmacien etc…, il a fait des années d'étude, donc s'il fume et qu'il dit que c'est bon, il n'y aucune raison que je remette en cause ses dires. Si c'est bon pour lui, c'est bon pour moi.
Encore une fois, on fait passer tout un tas de messages.

Pour les sportifs, c'est pareil, à la base un sportif, c'est quelqu'un qui fait attention à sa santé. Donc du coup si on veut atteindre des résultats sportifs importants, ce n'est pas conseillé.
Et l'industrie du tabac paie des sportifs de l'époque pour contre-attaquer sur cette thématique-là.

LE CINEMA

Le tabac est dangereux. Le gouvernement décide de réagir. Mais dans les films, ça ne fait que commencer. Pourquoi c'est intéressant dans les films ? Car ça dure plus longtemps qu'une pub de 20 secondes. Et lorsque vous regardez un film, vous êtes en état d'hypnose parce que vous acceptez de faire comme si les choses qui se passent dans le film étaient vraies. Comme les films de science-fiction. On rentre dans votre inconscient. C'est-à-dire que même les choses qui, dans la vie de tous les jours, peuvent vous paraitre absurdes deviennent normales au cinéma. Si je vous dis avoir vu un homme en slip rouge, avec une cape voler dans le ciel, vous ne me croirez certainement pas. Cependant au cinéma, pour rentrer dans le film vous acceptez de croire qu'un homme en slip rouge puisse voler comme Superman. Pour vous c'est logique et c'est normal d'accepter car si vous n'acceptez pas de jouer le jeu, jamais de votre vie vous ne pourriez regarder Superman. Vous rentrez dans la peau du personnage, dans le film et vous êtes en état d'hypnose. Et on va commencer à mettre en place des croyances inconscientes.

L'industrie du tabac vous fait croire que votre pire ennemi est votre meilleure amie.

Le tabagisme n'est jamais représenté de façon négative à l'écran contrairement à d'autres drogues.

La fausse idée que la cigarette aide à la concentration vient du cinéma avec des acteurs en pleine réflexion avec leur cigarette. En fait, si vous sentez que ça vous aide, c'est juste que la cigarette vous perturbe pendant votre concentration en vous disant : « Viens fumer !!! », du coup votre cerveau est ailleurs et non concentré et dès que vous fumez une cigarette, l'envie disparait et vous pouvez reprendre votre concentration. En fait c'est elle le perturbateur.

L'industrie du tabac s'est implantée dans l'industrie du cinéma. Regardez dans le film Basic Instinct (1992) de Paul Verhoeven par exemple, cette fameuse scène de croisé de jambes au poste de police, vous voyez Sharon Stone avec sa cigarette, elle est au post, elle risque la peine de mort pour meurtre mais qu'est-ce qu'elle est zen et détendue… Scène qui dure plusieurs minutes, la femme n'est pas stressée de la situation d'être accusée de meurtre lors de l'interrogatoire.

C'est une suggestion indirecte, vous ne la voyez pas venir et pourtant votre inconscient l'enregistre comme vous êtes stressé, vous avez juste à fumer une cigarette pour vous apaiser.

Avatar (2009) de James Cameron : Beau film avec un beau message écologique et là, qu'est-ce qui se passe dans avatar ? Quelques minutes après que le début du générique soit terminé, Sigourney Weaver se détend d'une colère avec une cigarette. Et là encore une fois, vous êtes aussi en état d'hypnose car vous savez que rien n'est réel mais vous acceptez au niveau de l'inconscient comme vous acceptez cette idée que la cigarette calme la colère de façon inconsciente. Vous prenez le message durant toute la soirée.

Et du coup chers fumeurs et chères fumeuses, vous êtes dorénavant enfermé dans une prison dont les murs sont constitués de vos croyances et les barreaux de vos peurs d'arrêter de fumer. Je crois, parce que je l'ai vu dans les films que la cigarette m'apaise et donc, du coup, j'ai peur d'arrêter de fumer et j'ai peur de perdre cet outil qui gère mon stress et c'est pour ça que ça semble compliqué d'arrêter.

CONDITIONNEMENT

Donc en fait vous pensez fumer par habitude, mais si c'était plus grave que ça. Et si vous étiez conditionné à fumer tel le réflexe pavlovien ? C'est quoi le réflexe pavlovien ? Ivan Pavlov est un médecin russe (1849-1936) qui a conditionné des chiens. Avant le conditionnement, lorsqu'on montrait un os au chien, eh bien le chien salivait. Donc on ne le lui donnait pas, simplement on lui montrait. Et puis on a testé un autre stimulus qui était de faire sonner une cloche. Et là, il n'y avait aucune réponse du chien. Pendant le conditionnement, on a associé les deux. C'est-à-dire qu'on a fait sonner la cloche en même temps qu'on montrait l'os au chien et on obtenait la salivation chez le chien. Et après le conditionnement, une fois qu'on avait fait ça pendant un certain temps, et bien on sonnait la cloche et juste le fait de faire sonner la cloche, on obtenait le réflexe de salivation du chien.

Et si on vous analyse un petit peu. Que vous soyez au volant, en pause, que ce soit au réveil, que vous soyez de bonne humeur, de mauvaise humeur, que vous soyez seul ou accompagné. C'est toujours la même chose cigarette, cigarette etc…

Quel que soit le stimulus qui se passe dans votre vie de tous les jours, votre seul et unique réflexe dans la gestion de ce stimulus c'est le recours à la cigarette.

Le conditionnement est instinctif, vous n'avez plus besoin de réfléchir. Félicitation !!! Plus besoin de réfléchir, le conditionnement a bien fonctionné, c'est devenu un réflexe.

Au fait comment ça se fait que le matin vous prenez une cigarette avec votre café pour bien commencer la journée et vous booster et que le soir cette même cigarette vous apaise après une dure journée de travail ? 2 choses diamétralement opposées.

Vous fumez une cigarette quand vous êtes seul et triste, alors pourquoi fumer quand vous êtes à une soirée festive avec des amis ? 2 choses diamétralement opposées.

Cette fameuse cigarette coupe-faim qui m'empêche de manger et grignoter, pourquoi la fumer après un bon repas ? Vous pensez que fumer est un coupe faim et que si vous arrêtez vous allez prendre du poids. Alors si c'est vraiment un coupe faim, pourquoi fumer après un bon repas et pourquoi a-t-elle si bon goût en fin de repas ? Et que pensez-vous du gros bonhomme qui fume son cigare ? Si vous êtes non-fumeur et que vous avez faim, vous attendez quelques minutes et la faim disparait, c'est pareil pour les fumeurs mais vous vous justifiez par la cigarette.

On continue sur les exemples ? En fait vous vous justifiez de chaque action par la cigarette. Combien de personnes culpabilisent d'aller prendre une pause dehors juste comme ça. La cigarette leur sert d'excuse pour sortir.

LA CIGARETTE GERE MON STRESS

Le stimulus du stress arrive, votre seule et unique pensée et de le gérer avec une cigarette. C'est un stimulus le stress, donc et bien du coup, conditionnement, je suis stressé, je vais fumer pour me calmer et me relaxer. Alors, observons de plus près les effets de ce poison qui calme votre stress, car n'oublions pas que la nicotine est un poison.

Vous êtes au cours d'une réunion et votre rythme cardiaque est totalement normal.

Et là, vous apprenez une mauvaise nouvelle et du coup ça vous énerve un petit peu. Vous êtes stressé(e), donc qu'est-ce que vous faites, eh bien vous sortez dehors et vous allumez une cigarette.

Et là, vous commencez à inhaler, à fumer et vite, vite il me faut ma dose et tous les petits poisons rentrent dans votre corps et font augmenter encore plus le rythme cardiaque.

Et alors que ce rythme cardiaque augmente parce que tous ces produits toxiques qui sont dans la cigarette font épaissir le sang et augmente la tension artérielle et bien vous,

vous êtes quand même la seule personne sur la planète qui se sent calme et relaxée en faisant augmenter son rythme cardiaque. Est-ce que vous pensez que c'est logique ? Bien sûr que non, ce n'est pas logique de penser que la cigarette qui augmente votre rythme cardiaque vous apaise.

La réalité, mais la réalité, c'est simplement que fumer ça vous épuise.

En fait, quand vous fumez, vous respirez un petit peu différemment, c'est un peu comme si vous faisiez de la cohérence cardiaque avec 4000 produits toxiques en plus.

Ce que vous faites lorsque vous fumez, vous prenez une grande inspiration, vous bloquez la fumée dans la bouche et ensuite vous soufflez. C'est juste une technique de respiration. J'inspire, je bloque et je souffle. Et vous pourriez avoir cette même sensation de détente sans la cigarette.

Si j'enlève la cigarette et que je vous fais faire de la cohérence cardiaque et bien vous allez ressentir les mêmes effets mais vous n'aurez pas les 4000 produits toxiques qui ont une chance sur deux de vous tuer. Donc ça veut dire quoi ? Ça veut dire que pour calmer votre stress et vous détendre et bien vous pouvez le faire sans la cigarette. En plus votre corps réagit aux produits toxiques de la cigarette et il les combat, ce qui provoque de la fatigue, de l'épuisement. En aucun cas la cigarette aide à la gestion du stress. C'est elle qui le provoque.

Vous pouvez gérer votre stress par des techniques de respiration. Exemple : j'inspire profondément par le nez, je bloque deux secondes, je souffle en pinçant légèrement mes lèvres en me disant « Je suis calme et détendu ! », et vous répétez l'opération plusieurs fois. Il existe plusieurs techniques de respiration, trouvez celle qui vous correspond.

Vous pouvez aussi faire de la visualisation pour gérer votre stress. Travailler un souvenir agréable, quand tout va bien, et ressortez-le au moment de la venue du stress. Pour travailler un souvenir agréable, il vous faut déjà un bon souvenir agréable qui n'est pas associé à la cigarette, puis vous allez vous plongez dans ce souvenir en décrivant le lieu où se situe votre souvenir agréable, vous allez décrire les sons et les bruits aussi puis vos ressentis (les odeurs, les températures, tout ce qui est tactile).

Amusez-vous à trouver votre souvenir agréable et entrainez-vous de façon que ça devienne un acte réflexe comme la technique de respiration.

FUMER EST UN PLAISIR

Fumer est un plaisir ? Quelles sont les cigarettes plaisir ? Combien ? 3 ou 4 ? Ok. Donc les autres vous pouvez les arrêter sans problème parce que si fumer est véritablement un plaisir pour vous, alors il va falloir partager.

Et si vous avez des enfants ou des neveux, nièces, il va falloir partagez ce plaisir avec eux !

Le but d'un parent aimant ses proches est de partager tous les plaisirs. Si vous aimez un sport, une activité artistique, une activité culinaire etc… et que vous prenez du plaisir, vous aimez partager cette passion, ce plaisir. Pourquoi seriez-vous égoïste au point de ne pas partager ce plaisir de la vie avec les gens que vous aimez ?

Alors pourquoi vous ne partagez pas vos cigarettes avec des enfants ?

La vérité, c'est que ce n'est pas du plaisir. Vous vous donnez l'illusion. Parce que voilà vos plaisirs, vos plaisirs, c'est de l'acétone, c'est de la nicotine, c'est de l'ammoniaque, c'est du mercure, c'est du plomb, c'est le toluène, c'est de l'arsenic etc… un vrai plaisir de la vie de tous les jours que d'absorber tous ces poisons. On ne peut pas dire que c'est un plaisir.

LA CONVIVIALITE

Alors ensuite, il y a une autre notion, et là je peux comprendre votre inquiétude ou votre crainte. Puisque le tabagisme est une maladie, c'est comme la grippe, il faut éviter ceux qui ont cette maladie pour ne pas l'attraper. Du coup vous pouvez dire que les moments de plaisir comme les apéritifs vont être terminés. Mais pensez bien à quelque chose, c'est qu'aujourd'hui comme tout conditionnement, vous avez une sorte d'automatisme, vous associez un moment passé avec vos amis avec votre cigarette.

Et figurez-vous qu'en soirée il existe des gens incroyables. Ils ne fument pas, ils ne boivent pas et pourtant ils s'amusent. C'est fou !!! Non ? Aujourd'hui vous avez peur de perdre ces petits moments de plaisir. Aujourd'hui vous êtes obligé de sortir pour fumer. Ça veut dire que lorsque vous quittez vos amis pour fumer dehors, pour vous c'est un plaisir ? Vous partagez un moment de plaisir lorsque toutes les 15/20 minutes vous sortez de la pièce tout(e) seul(e) comme un(e) paria. La vérité c'est quoi ? Lorsque vous serez non-fumeur(e) et vous restez non-fumeur(e) toute votre vie dès la fin de ce livre, c'est que vous allez vraiment profiter de la vie, de vos amis, de vos plaisirs car vous serez pleinement dans la soirée et pas besoin de vous couper d'eux. Vous allez profiter de ces vrais moments de plaisir.

LA SOLITUDE

Alors, la cigarette, elle vous tient compagnie et comble vos moments de solitude. Il faut l'avoir en tête. C'est l'objet avec lequel vous êtes 2 heures par jour en tête à tête. C'est la notion de doudou. C'est vraiment important ce qu'on va voir là, car vous ne vous vous en rendez peut-être pas compte mais c'est un objet avec lequel vous passez énormément de temps. Quelquefois vous vous dites que dans votre journée, il n'y a pas assez d'heures et que vous ne pouvez pas faire tout ce que vous voulez. Imaginez juste qu'à partir de la fin de ce livre vous allez récupérer 2h de votre temps.

Qu'est-ce que vous allez en faire ? Pourquoi cette cigarette me rassure ?

Tout simplement, si on retrace vos moments de vie. Au tout début vous aviez le sein de maman ou le biberon pour vous alimenter. Puis ce fut le pouce ou la tétine pour trouver une substitution. Puis votre maman était votre doudou en quelque sorte et du coup, il a fallu trouver un doudou de substitution. Puis il a fallu tout lâcher. Puis on vous a dit qu'il fallait lâcher ce doudou, ne serait-ce que pour aller à l'école. Et là vous avez commencé à mâchouiller vos crayons, ronger vos ongles. Et si la cigarette était devenue votre doudou ? Cette notion est très importante parce que la peur que vous pouvez avoir, c'est de perdre quelqu'un, une compagnie. En effet il va falloir faire le deuil de votre doudou. En effet la cigarette, c'est devenu un peu ça pour vous, et c'est une notion que vous devez bien avoir en tête. Dites-vous que vous quittez votre cigarette pour quelque chose de mieux, de bénéfique, quelque chose où vous allez prendre du plaisir.

LA CIGARETTE ELECTRONIQUE

Je suis épaté qu'on appelle ça un outil de sevrage tabagique avec ces E-liquides au goût de cola, fraise etc... Moi j'aurais fait au goût de oignon moisi, pied qui pue etc... J'aurais mis des odeurs qui font que la personne n'est pas envie de mettre ce produit dans sa bouche. Certainement pas ces substituts agréables qui vous incitent à garder cet objet dans la bouche.

On appelle ça un outil de sevrage tabagique, car à grand renfort de communication et bien on dit que c'est ce qu'il y a de plus efficace pour arrêter de fumer. Chacun son choix !!!

En fait une personne qui arrête la cigarette avec cet outil ne fait que déplacer son addiction.

« L'utilisation d'inhalateurs électroniques de nicotine augmente le risque de maladie cardiaque et pulmonaire. Elle présente aussi un risque important pour les femmes enceintes car elle peut nuire à la croissance du fœtus.

La publicité pour ces dispositifs, leur commercialisation et leur promotion se sont rapidement développées par des canaux qui font un large usage d'Internet et des réseaux sociaux (2). Une grande partie du marketing autour de ces produits suscite des préoccupations concernant les allégations sanitaires trompeuses, les allégations mensongères quant à leur efficacité pour le sevrage tabagique et les stratégies ciblant les jeunes (en particulier l'utilisation des arômes).

Les inhalateurs électroniques contenant ou non de la nicotine ne doivent pas être promus comme des aides au sevrage tant que les preuves sont insuffisantes et que la communauté de la santé publique ne s'accorde par sur leur efficacité. L'OMS recommande que lorsqu'ils ne sont pas interdits, ces produits soient réglementés en visant les quatre grands objectifs suivants :

— Eviter que les non-fumeurs, les mineurs et les groupes vulnérables ne se mettent à utiliser des inhalateurs électroniques ;

— Réduire dans toute la mesure possible les risques que présentent les inhalateurs électroniques pour les utilisateurs et protéger les non-utilisateurs de l'exposition à leurs émissions ;

— Empêcher que les inhalateurs électroniques ne fassent l'objet d'allégations sanitaires infondées ; et veiller à ce que les activités de lutte antitabac ne soient pas influencées par les intérêts commerciaux et autres liés aux inhalateurs électroniques, y compris les intérêts de l'industrie du tabac (3). »

https://www.who.int/fr/news-room/fact-sheets/detail/tobacco

(2) Huang J, Kornfield R, Szczypka G, Emery S. A cross-sectional examination of marketing of electronic cigarettes on Twitter. Tobacco Control. 2014; 23 (suppl 3): iii26-iii30.

(3) Inhalateurs électroniques de nicotine et inhalateurs électroniques ne contenant pas de nicotine. Décision de la Conférence des Parties de l'OMS à la Convention-cadre de l'OMS pour la lutte antitabac, sixième session, FCTC/COP/6(9), 2014.

LA NICOTINE, CE DOUX PRODUIT DANGEREUX

A grand renfort de communication, tout le monde sait maintenant que dans la cigarette, il y a une substance addictive qui s'appelle de la nicotine.

Pourquoi retrouve-ton autant de produits toxiques dans la cigarette ? Le tabac est de l'ordre de 0,8 à 1 gramme dans chaque cigarette et selon les pays où est cultivé le tabac, ils utilisent plusieurs pesticides différents que vous retrouvez dans vos cigarettes. Ensuite les industriels y ajoutent des additifs chimiques et agents de saveurs. Exemple l'ammoniac qui maquille l'odeur de la fumée de cigarette, cela s'appelle l'« impact boosting ». En tout on compte plus de 4000 produits chimiques différents dans une cigarette.

En 2016 la ministre française de la santé dénonçait le fait que les industriels financent des études qui relativisent l'impact du tabac sur la santé, et paient des chercheurs reconnus pour en faire les porte-paroles.

Tribune publiée de Marisol Touraine publiée le 31 mai 2016

dans la version française du Huffing Post (FR) :
http://www.huffingpost.fr/marisol-touraine/ce-que-vous-
citoyens-devez-savoir-a-loccasion-de-la-journee-mondiale-
sans-tabac_b_10209792.html

Donc ce n'est pas votre faute si vous fumez ; déculpabilisez-vous si vous n'avez pas arrêté de fumer. C'est juste que vous êtes drogué. Et comme chaque personne droguée, ça va être hyper compliqué de vous sortir seul de cette situation. Pourquoi ? Car avec les médias ou autres supports, on vous dit que pour chaque drogué qui essaie de s'en sortir, c'est très dur et éprouvant physiquement. Et puisque vous êtes malade, alors c'est là qu'il vous faut des médicaments.

Et c'est là que commence la manipulation de l'industrie pharmaceutique qui vous propose et qui vous vend tout un tas de produits de substituts nicotiniques que vous avez pu essayer (gomme, patch.). D'ailleurs vous êtes la preuve vivante si vous avez essayé ces produits que cette dépendance chimique que l'on vous vend n'est pas sérieuse. Car si c'était avéré le fait de prendre des patchs, gommes etc... et bien ça aurait suffi pour arrêter et vous ne seriez pas là aujourd'hui avec ce livre dans vos mains. On retrouve trace de ces premiers substituts dans les années 30.

« Carton de pastilles Nic-o-cin, avec instructions, par Nicocin Ltd., Londres, v. 1935

Nicocin Limited a fabriqué ce petit carton de pastilles. Ils ont protégé les fumeurs des effets néfastes de la nicotine. La société a affirmé que les pastilles étaient fabriquées à partir d'une `` plante bénéfique qui neutralise la nicotine et maintient les fumeurs en forme ''. Un comprimé a été dissous sur la langue pendant la nuit, bien qu'il ait été conseillé aux gros fumeurs de le prendre tout au long de la journée.

À l'intérieur de la boîte métallique se trouve un dépliant qui contient des témoignages de clients satisfaits. Un individu a affirmé ne ressentir aucun effet néfaste de sa consommation de cigarettes 50 à 60 par jour depuis la découverte des pastilles Nic-o-cin. Il ou elle a également suggéré qu'il protège contre la gueule de bois. Les médicaments «Cure all» étaient courants au début des années 1900. Cependant, nous savons maintenant que les meilleurs moyens de maintenir la santé et la forme physique sont l'exercice régulier, une alimentation saine et équilibrée et l'interdiction de fumer. »

Source :

https://collection.sciencemuseumgroup.org.uk/objects/co193 072/carton-of-nic-o-cin-pastilles-london-england-1934-1940-pastilles-tin

La manipulation de l'industrie pharmaceutique va commencer un peu comme les pubs de l'industrie du tabac, on va commencer à découvrir des pubs de l'industrie pharmaceutiques pour les pseudos. Aujourd'hui encore, certains produits sont plus que dangereux.

« Aux Etats-Unis, les rapports alarmants sur le Champix s'accumulent

Pourtant, très vite, des effets secondaires fâcheux sont signalés par les agences du médicament. Les premières inquiétudes viennent des Etats-Unis. Entre mai 2006 et mai 2008, environ 3,5 millions d'Américains utilisent le Champix. Sur cette même période, à un mois près, la Food and Drug administration reçoit 4 235 rapports de manifestations graves. Dont 639 actes, comportements ou idées suicidaires et 148 décès, suicides et autres.

Ce n'est pas tout. Entre mai 2006 et décembre 2007, la FDA reçoit aussi des rapports de psychoses (397), de pensées d'homicides (41), de paranoïa (60) et d'hallucinations (55). Pour le seul dernier trimestre 2007, l'agence enregistre le nombre record de 988 rapports de manifestations graves pour le Champix. Le médicament devient numéro un sur la liste des signalements d'effets secondaires graves.

En France, même constat. Selon l'Afssaps, sur 468 000 patients sous Champix de février 2007 à mars 2008, 1 700 cas d'effets indésirables ont été notifiés. Dont 92 troubles psychiatriques, 24 troubles cardiovasculaires, 16 troubles neurologiques et 12 décès, dont 7 suicides. »

Source : https://www.nouvelobs.com/rue89/rue89-tabac/20100922.RUE8418/j-ai-arrete-de-fumer-avec-champix-mais-je-suis-mort.html

Question dont je n'ai pas la réponse. On vous vend des substituts nicotiniques à base de nicotine. Par définition ce n'est pas un substitut. Tout ça pour remplir les caisses de l'industrie pharmaceutique.

D'ailleurs, il y a quand même quelque chose qui est incroyable, je ne sais pas vous, mais en tout cas moi ça me surprend et jusqu'à aujourd'hui, je n'ai personne pour me l'expliquer, c'est-à-dire que l'on vous vend des substituts nicotiniques qui sont en fait de la nicotine. Et vous savez que la nicotine est un insecticide, herbicide très réglementé à la vente en France mais on la retrouve sous forme de médicament en pharmacie.

« À cet égard, il peut être précisé que, compte tenu de la toxicité de la nicotine, celle-ci est inscrite sur la liste I des substances vénéneuses. Pour autant, à l'instar de la réglementation relative à l'utilisation de la nicotine dans les produits de consommation courante, son utilisation, dans la composition des spécialités pharmaceutiques, fait l'objet de dispositions particulières, afin de répondre tant aux exigences de sécurité sanitaire qu'aux impératifs des politiques de santé publique, et notamment la lutte contre le tabagisme. C'est pourquoi, la nicotine, sous forme de gomme à mâcher, de comprimé sublingual, de cartouche pour inhalation (voie buccale) et de dispositif transdermique a été exonérée de la réglementation des substances vénéneuses, par l'arrêté du 25 janvier 2010 modifiant l'arrêté du 22 février 1990 portant exonération à la réglementation des substances vénéneuses destinées à la médecine humaine. »

Source :
https://www.senat.fr/questions/base/2011/qSEQ110619062.h tml

C'est surprenant car c'est la seule drogue au monde qui est drogue, donc le problème et médicament, la solution à la fois. C'est la seule. Pour vous rendre compte de ce que ça donnerait dans d'autres circonstances.

Ça donnerait ça : « Docteur, aidez-moi, je veux m'en sortir de mon alcoolisme. »

Le médecin qui pourrait dire : « Mais bien sûr, je vais vous aider, voici votre ordonnance.

Continuez de boire de l'alcool en réduisant pendant 1 mois, et vous verrez que tout rentrera dans l'ordre. »

C'est exactement le même cas de figure, c'est-à-dire qu'on donne à une personne en sevrage de nicotine de la nicotine. Mais on fait ça pour qui d'autre ? Est-ce qu'on donne de l'alcool à un alcoolique ? Est-ce qu'on donne de l'héroïne à un héroïnomane ? bien sûr que non.

La nicotine c'est quoi ? C'est un insecticide, herbicide.

La nicotine c'est :

Nervosité

Insomnies

Céphalées

Oppression

Tachycardie

Irritabilité

Nausées

Excitabilité

Tout ce que vous cherchez à soigner avec la cigarette, c'est elle qui le provoque à travers ce poison qu'est la nicotine que vous ingérez.

On va simplement se poser une question même si ça fait des années que vous êtes manipulé. On a le droit de se poser des questions.

Imaginez que vous êtes le directeur ou la directrice de la plus grosse société pharmaceutique qui rapporte des milliards. Et un matin, vous avez votre chimiste préféré qui arrive et vous dit : ça y est, j'ai trouvé, on va pouvoir sortir le vaccin pour les fumeurs qui fonctionne à 100% sur les fumeurs. On l'a testé sur plus de 10000 fumeurs et ces 10000 fumeurs ont complètement arrêté la cigarette. Ce vaccin permet d'arrêter de fumer et aussi de ne pas commencer la cigarette car on l'a testé sur des adolescents avant qu'ils ne commencent à fumer. C'est fantastique, on va enfin pouvoir sauver des vies.

Vous ! En termes de responsable peu scrupuleux de cette boite, vous faites quoi avec ce vaccin ?

Vous avez raison, jamais ce produit ne sortira. Vous pensez qu'une industrie va sortir un produit qui fonctionne pour arrêter de fumer et s'assoir sur des milliards. Ça voudrait dire, si ça existait, plus d'industrie du tabac ni pharmaceutique. Bye aussi le chiffre d'affaire que génère les cures de chimiothérapie. Donc si ce genre de produit pouvait exister, bien sûr que non, il ne sortirait pas.

« Selon le Pr. Molimard, tabacologue et ancien président de la Société française de tabacologie, la nicotine n'explique pas à elle seule cette dépendance, même si certains effets pharmacologiques peuvent entretenir l'addiction (effets sur la glycémie, la stimulation, la relaxation). Elle n'a pas suffisamment d'effet selon lui sur le système de la récompense, cette partie du cerveau stimulée par les drogues comme la cocaïne, les amphétamines,... »

Source : https://www.allodocteurs.fr/actualite-sante-l-addiction-a-la-nicotine-un-mythe-_8068.html

Robert Molimard (1927-2020)

LE TABAGISME PASSIF

Et d'ailleurs, si on va un petit peu plus loin. Si on parlait des fumeurs passifs. Ces fumeurs passifs qui sont morts de pathologie liée au tabac sans jamais avoir fumé une cigarette de leur vie. Peut-on m'expliquer ? On aura beau dire ce qu'on veut, comment l'expliquer, comment des gens qui ont inhalé plus de fumée qu'un fumeur arrivent à ne pas fumer quand ils ne sont pas au bureau par exemple. Ils auraient dû être en manque de nicotine pendant leurs vacances et de ce produit chimique qui les rend si accro car ils en inhalaient plus que vous fumeur. C'est quand même surprenant. Non ?

BILAN

— C'est que non la cigarette ne gère pas mon stress.

— La cigarette ne vous relaxe pas et ne vous apaise pas au contraire elle augmente votre rythme cardiaque.

— Vous pensez toujours que la cigarette est un plaisir, alors faites commencez vos proches maintenant, partagez.

— Vous avez compris avec tout ce que je vous ai dit que la cigarette n'est pas une drogue

— Donc aucune des autres peurs et autres craintes ne tiennent la route car sans cigarette vous n'êtes pas irritable.

— Vous ne serez pas nerveux.

— Vous n'allez pas compenser par une prise de poids.

— Vous allez réussir car je viens de vous prouver et vous démontrer que vous êtes l'exemple même que vous n'êtes pas drogué à la nicotine. Et donc du coup vous n'allez pas échouer car vous avez compris comment régler le conflit intérieur.

— Ce n'est pas 1 drogue. Aucune crainte. Vous n'êtes pas drogué comme on essaie de vous le faire croire.

Changez votre point de vue et les barreaux de cette fausse prison vont disparaitre.

Et un nouveau monde s'ouvre devant vous, à moins que vous ne préfériez continuer de compter le temps qu'il vous reste.

C'est vous qui faites le choix de retrouver votre santé, votre liberté, votre pouvoir d'achat etc....

LES BIENFAITS DE L'ARRET DU TABAC

Après 20 minutes :

La tension artérielle redevient normale.

Le pouls redevient normal.

La température des pieds et des mains redevient normale.

Après 24 heures :

Le monoxyde de carbone est complètement éliminé de l'organisme.

Les poumons commencent à rejeter les résidus de fumée.

Le risque de crise cardiaque diminue, l'odorat et le goût s'améliorent.

Après 72 heures :

Les bronches se relâchent, la respiration s'améliore.

La capacité pulmonaire s'accroît.

L'énergie augmente.

Entre 2 semaines et 3 mois :

La circulation sanguine s'améliore.

La marche devient plus facile.

Le fonctionnement des poumons peut s'améliorer jusqu'à 30%.

Entre 1 et 9 mois :

La toux, la congestion nasale, la fatigue et l'essoufflement diminuent.

La voix devient plus claire.

Les cils vibratoires dans les poumons se régénèrent et la capacité de l'organisme, à éliminer le mucus, à purifier les poumons et à combattre l'infection, s'accroît considérablement.

Le corps reprend de l'énergie.

Après 1 an :

Le risque de maladie cardiovasculaire est réduit de moitié.

Le risque, pour la femme, de contracter un cancer du col de l'utérus redevient comparable à celui d'une femme n'ayant jamais fumé.

Après 5 ans :

Le risque de cancer de la bouche, de la gorge, et de l'œsophage diminue de moitié, tout comme le taux de mortalité lié au cancer du poumon.

Le risque d'accident vasculaire cérébral diminue et devient comparable à celui d'un non-fumeur.

Après 10 ans :

Le risque de mortalité lié au cancer du poumon est comparable à celui d'un non-fumeur.

Les cellules précancéreuses sont remplacées par des cellules saines.

Le risque de cancer de la bouche, de la gorge, de l'œsophage, de la vessie et du pancréas diminue les cellules précancéreuses sont remplacées par des cellules saines.

Les risques de cancer de la bouche, de la gorge, de l'œsophage, de la vessie et du pancréas diminuent.

Après 15 ans :

Le risque d'accident coronarien est semblable à celui d'un non-fumeur.

LE CHEMIN DE LA LIBERTE

Le Programme d'arrêt du tabac que vous suivez est le fruit d'années d'expériences avec plusieurs centaines de fumeurs qui ont retrouvé leur liberté en le suivant.

Il ne s'agit pas que d'un simple livre mais d'un programme spécifique d'accompagnement pour que vous deveniez non-fumeur(se) et surtout pour que vous le restiez toute votre vie. C'est un programme complet qui allie différentes techniques.

C'est un petit peu comme avoir un Coach personnel qui vous guide pas-à-pas dans votre démarche.

Vous serez peut-être tenté de sauter des parties et de ne pas faire tous les exercices de ce programme, et je vous le déconseille car vous pourriez passer à côté de l'efficacité de l'exercice. Prenez le temps de bien faire les choses. Vous méritez de réussir et de retrouver votre liberté.

Imaginez qu'arrêter de fumer c'est comme devoir passer de l'autre côté d'un mur de pierres 4 mètres de haut. Si vous essayez de le faire tout seul, à mains nues, cela sera certainement difficile et il n'est pas certain que vous réussissiez. Mais si quelqu'un vous donne une perche, vous pouvez éviter d'escalader et vous pouvez sauter le mur à la perche facilement, en un seul coup ! Comparée à l'escalade à mains nues, sauter le mur à la perche semble effectivement magique.

Cela étant dit il n'est pas suffisant de juste avoir une perche entre les mains pour être déjà de l'autre côté du mur de pierres ! La perche toute seule ne va pas vous faire sauter, c'est vous qui devez l'utilisez pour sauter. Pour sauter à la perche, il faut d'abord prendre son élan, ce qui permet alors de passer le mur. Les exercices de préparation du Programme et de ce Guide, combinés avec votre motivation d'arrêter de fumer, représentent la prise d'élan nécessaire.

MOTIVATIONS A ARRETER DE FUMER

Chaque fumeur a ses propres motivations pour vouloir arrêter de fumer. Quelles sont les vôtres ? Cochez toutes celles qui vous correspondent.

☐ J'en ai assez d'être esclave de la cigarette

☐ J'en ai assez de gâcher de l'argent en cigarettes

☐ J'ai envie de tomber enceinte et d'avoir des enfants

☐ Je ne veux plus donner le mauvais exemple à mes enfants ou à mes petits enfants

☐ J'ai peur de ne plus pouvoir être là pour mes enfants ou mes proches

☐ J'ai des problèmes de santé liés au tabac

☐ J'ai des problèmes de santé que le tabac aggrave tels que l'asthme ou de l'hypertension

☐ J'en ai assez de la toux et des maux de gorge

☐ J'en ai assez des rhumes et des bronchites

☐ J'ai peur de mourir avant l'heure

☐ Je manque de souffle

☐ J'ai des problèmes respiratoires

☐ J'ai peur de souffrir d'une longue maladie

☐ Je subis des pressions de la part de mes proches ou de mcs amis

☐ Mon médecin ou mon dentiste me demande d'arrêter

☐ J'en ai assez de toujours devoir sortir dehors et chercher un endroit pour fumer

☐ Je ne supporte plus l'odeur de la cigarette et d'avoir mauvaise haleine

☐ Je ne suis pas à l'aise quand je suis avec des non-fumeurs

☐ Je ne veux pas avoir les dents jaunes

☐ Je ne veux pas vieillir prématurément

Écrivez toutes les autres raisons que vous avez de retrouver votre liberté.

Même si cela vous semble évident et logique pour vous, il est important de les écrire.

Vos 3 raisons principales :

Parmi toutes les raisons que vous avez identifiées au-dessus, choisissez vos 3 raisons principales pour arrêter de fumer. Pour chacune des 3 raisons écrivez en détail les bénéfices que vous aurez quand vous serez non-fumeur et tout ce que vous allez ressentir.

La chose importante est que vous les écriviez aussi de façon positive, aussi bien dans le contenu que dans la tournure de phrase.

Par exemple au lieu de : « Je n'ai plus d'asthme et je ne me sens plus malade et déprimé. »

Écrivez : « Mes poumons sont dégagés et je me sens en pleine forme et optimiste. »

Au lieu de : « Je ne suis plus esclave et dépendant de la cigarette », écrivez : « Je suis libéré de la cigarette et je contrôle ma vie »

Raison 1 :

Tournure négative :

Tournure positive :

Raison 2 :

Tournure négative :

Tournure positive :

Raison 3 :

Tournure négative :

Tournure positive :

Vos tentatives précédentes :

Faites la liste des méthodes que vous avez essayées dans le passé pour arrêter de fumer

(Volonté, patchs, etc.) :

Quelle a été la période la plus longue pendant laquelle vous avez arrêté ?

Rassurez-vous : vos échecs du passé ne déterminent pas le résultat de ce que vous êtes en train de faire. En effet, c'est en agissant sur les bonnes causes d'un problème que l'on arrive à le résoudre. Et avec ce programme, vous agissez enfin sur la bonne cause de votre problème.
Si vous suivez correctement les indications de ce programme, cette fois vous réussirez !

En repensant à la fois où vous avez arrêté le plus longtemps, qu'aviez-vous fait de particulier qui vous a aidé ?
Par exemple :
« Chaque jour je mettais l'argent épargné dans une petit boîte »
« J'avais un ami qui m'appelait chaque jour pour voir où j'en étais et pour me soutenir »
« Je buvais du thé à la place du café le matin », etc.

Prenez vraiment le temps de penser à ce qui vous a été utile et écrivez-le :

Une de ces choses pourrait-elle vous être utile aujourd'hui ? Il y a-t-il d'autres choses qui vous viennent à l'esprit que vous pourriez faire aujourd'hui ? Écrivez-les :

VOS HABITUDES AUTOUR DE LA CIGARETTE

Vous avez associé la cigarette à certaines activités ou à certains évènements. Quels sont les moments typiques où vous fumez ? Cochez tous ceux qui vous correspondent ?

Autres moments typiques où vous fumez :

BENEFICES SECONDAIRES

Les gens fument pour deux raisons principales :

— Par habitude (par exemple : une cigarette avec une tasse de café, après le repas, avec un verre d'alcool, etc.)

— Pour gérer leurs émotions dans certaines circonstances. Dans ces cas, la cigarette procure un avantage caché, que l'on appelle un bénéfice secondaire.

Voici deux exemples de bénéfices secondaires :

<u>Prendre du temps pour soi</u>

Pour une personne qui doit constamment s'occuper des autres (enfants, conjoint malade, etc.), le fait de fumer représente une excuse socialement acceptable pour temporairement s'isoler et ne plus devoir répondre à leurs sollicitations. Cela lui permet de s'occuper un peu d'elle-même en prenant du « temps pour soi ».

<u>Marquer une transition</u>

Fumer durant une pause au travail, c'est une façon de

marquer et de séparer les différentes parties de la journée pour qu'elle soit plus facile à gérer.

Fumer en rentrant chez soi, c'est une façon de mettre une barrière entre le travail et la vie personnelle et de changer de rôle.

Dans les moments typiques où vous fumez que vous avez précédemment identifiés, il y avait des moments ou le fait de fumer était simplement une habitude, alors que pour d'autres il y avait aussi un avantage caché, un bénéfice secondaire.

Attention, réfléchissez bien avant de vous dire « la cigarette me donne du plaisir », car la cigarette n'est que le véhicule, pas la destination.

Lorsque vous partez en vacances, ce n'est pas le moyen de transport (voiture, train, avion) que vous prenez pour y aller que vous appréciez, mais le fait de passer des vacances dans la destination où il vous amène.

De même, ce n'est pas la cigarette en elle-même que vous appréciez, mais l'avantage qu'elle vous procure dans un certain contexte. La cigarette n'est qu'une modalité (moyen de transport), pour obtenir un bénéfice secondaire (vacances).

Donc quel est l'avantage ou le bénéfice que certaines cigarettes vous permettent d'obtenir ?

Réfléchissez bien et identifiez-le(s) bénéfice(s) secondaires que vous en retirez.

Entourez ceux qui vous parlent :

Prendre du temps pour moi

Sentir que j'appartiens à un groupe de personnes

Marquer une transition ou un repère dans le temps

Me distraire l'esprit

Faire quelque chose à moi que personne d'autre ne décide pour moi

Me donner une récompense

Autre bénéfice secondaire :

COMPORTEMENTS DE REMPLACEMENT

Quels sont les comportements que vous pouvez mettre en place, qui peuvent remplacer la cigarette, et qui pourraient vous apporter le même bénéfice secondaire (le même avantage caché) que celui ou ceux que vous avez identifié déjà ?

Même si votre inconscient trouvera de lui-même des comportements de remplacement sains et positifs, il est utile d'y penser aussi consciemment.

Si besoin, cochez aussi bien ceux qui peuvent remplacer la « cigarette habitude », que ceux qui peuvent vous procurer le bénéfice secondaire qui est important pour vous.

☐ Je me relaxe 5 minutes en fermant les yeux

☐ Je repense à un endroit ou à un souvenir agréable

☐ Je change de pièce ou d'endroit Je sors dehors

☐ Je vais me promener

☐ Je fais un tour en voiture

☐ Je pratique un hobby (même si virtuellement)

☐ Je planifie mes prochaines vacances

☐ Je feuillète un magazine ou un journal

☐ Je surfe sur internet

☐ J'écris dans mon journal personnel

☐ Je fais la liste des choses que je vais acheter ou que je vais faire avec l'argent épargné en ayant arrêté de fumer

☐ Je joue au Solitaire avec des cartes, sur mon téléphone portable ou sur l'ordinateur

☐ Je joue à un jeu vidéo sur l'ordinateur ou sur mon portable, je fais des mots croisés

☐ Je lis le chapitre d'un livre

☐ J'écoute de la musique

☐ Je regarde une vidéo sur YouTube

Quels sont les 3 comportements de remplacement que vous allez mettre en place ?

1. --

----

2. --

----

3. --

TECHNIQUE DE RESPIRATION

Lorsqu'un fumeur n'a pas fumé depuis un certain temps, la première bouffée de cigarette qu'il prend est beaucoup plus profonde que les autres. Vous pouvez repenser à des situations où vous avez éprouvé du stress et pour vous calmer vous avez allumé une cigarette et vous pouvez repenser comment cette première bouffée était effectivement plus profonde…

Les fumeurs, lors de cette cigarette, affirment chercher principalement à se relaxer. Or cela est un paradoxe car la nicotine agit comme un stimulant (le corps lutte pour essayer de se débarrasser du poison qu'est la nicotine) et non comme un relaxant.

Finalement ce que recherchent les fumeurs c'est la plus grande quantité d'oxygène qui est absorbée lors de cette première bouffée profonde.

Comme en plus les fumeurs respirent rarement profondément en dehors de ces cigarettes, votre inconscient a créé une association entre le fait de respirer profondément et le fait de fumer une cigarette.

La bonne nouvelle est que vous n'avez pas besoin de la cigarette pour vous relaxer, il vous suffit simplement de respirer profondément !

Si vous avez déjà vu un bébé respirer, vous avez remarqué que son ventre s'élargit et se resserre tandis qu'il respire. C'est que qu'on appelle la respiration ventrale.

Malheureusement, en grandissant, on perd souvent cette bonne façon de respirer. On ne respire plus que de façon superficielle, en ne gonflant et dégonflant que la poitrine, ce qui n'apporte pas suffisamment d'oxygène.

Voici donc une technique de respiration profonde qui va vous permettre de vous relaxer facilement quand vous le voudrez et sans cigarette :

Inspirez lentement et très profondément par le nez et jusqu'au bout, en amenant l'air jusqu'à votre diaphragme et en élargissant votre ventre.

Retenez votre souffle pendant deux secondes.

Plissez vos lèvres et très, très doucement expirez l'air de vos poumons par la bouche tout en vous répétant mentalement les mots « Calme et relaxé(e)… Calme et relaxé(e)… »

Attendez deux secondes avant d'inspirer à nouveau.

Respirez de cette façon 5 fois de suite.

Essayez maintenant, cela ne vous prendra que 2 ou 3 minutes.

Quand vous aurez fini vous remarquerez que vous vous sentirez plus calme et plus relaxé.

L'avantage de cette technique est que vous pouvez la pratiquer n'importe où et n'importe quand. Habituez-vous à respirer profondément de cette façon plusieurs fois par jour, par exemple toutes les heures ou au moins toutes les deux heures. Et bien sûr à chaque fois que vous vous sentez stressé. Vous pouvez l'écrire sur un papier et le mettre de façon visible ou bien programmez l'alarme de votre montre ou de votre téléphone portable pour vous rappeler de le faire régulièrement.

UN SOUVENIR POSITIF

Je vais vous demander maintenant de réaliser un exercice d'une extrême importance. Je vais vous demander de vous souvenir d'un évènement marquant de votre vie, un souvenir où vous étiez satisfait de vous ou un moment de grande joie ou de bien-être, quel que soit le domaine. Cela peut être un souvenir récent ou un souvenir du passé lointain, même de votre enfance.

Il s'agit peut-être d'un objectif que vous avez atteint ou d'une épreuve à laquelle vous avez réussi à faire face, ou d'un moment où vous étiez vraiment heureux.

ATTENTION : Cela peut dater d'une époque à laquelle vous étiez fumeur, mais assurez- vous que dans la scène du souvenir lui-même il n'y ait PAS de cigarette, c'est-à-dire que vous n'étiez PAS en train de fumer lorsque vous vous sentiez bien.

Cochez les souvenirs positifs qui vous correspondent

- ☐ J'ai passé un examen

- ☐ J'ai obtenu mon diplôme, certificat ou brevet

- ☐ J'ai passé une interview J'ai obtenu un emploi

- ☐ J'ai obtenu une promotion ou une augmentation

- ☐ J'ai gagné une compétition sportive ou à un jeu

- ☐ J'ai reçu un prix

- ☐ J'ai réussi une belle performance (danse, chanson, musique, etc.)

- ☐ J'ai appris à faire quelque chose de nouveau (aller à vélo, jouer d'un instrument de musique, etc.)

- ☐ J'ai réussi à réparer quelque chose

- ☐ J'ai dépassé une peur (de sauter de haut, de parler en public, etc.)

- ☐ J'ai enfin dit ce que j'avais toujours voulu dire à une personne

- ☐ Je me suis fait respecter

- [ ] J'ai surmonté un obstacle au travail

- [ ] J'ai guéri d'une maladie

- [ ] J'ai reçu un beau cadeau de Noël ou d'anniversaire

- [ ] J'ai eu un moment spécial en famille ou l'un de mes proches

- [ ] J'étais en vacances dans un endroit spécial

- [ ] J'étais dans un merveilleux endroit dans la nature

- [ ] J'ai rencontré ou je suis sorti(e)avec une personne qui m'était chère

- [ ] J'ai eu moment romantique particulier

- [ ] Je suis devenu papa ou maman

- [ ] J'ai assisté à la naissance de mon enfant

- [ ] Je suis tombé(e) amoureux(se) Je me suis marié(e)

- [ ] Autres souvenir positif

Maintenant, choisissez UN de ces souvenirs positifs, celui qui vous donne le plus grand sentiment de fierté, de réussite ou de joie.

Maintenant prenez le temps de décrire en plusieurs phrases ce souvenir positif, comme si vous deviez décrire la scène d'un film.

Où vous étiez, quelle était la situation, qui étaient les personnes autour de vous, ce que vous faisiez, ce que les autres faisaient, ce qui s'est passé, etc.

Rappelez-vous toutes les images, les dialogues, les sons, les sensations et même les odeurs (s'il y en avait). Décrivez en particulier vos sensations de fierté, de réussite, de joie ou de bien- être.

CET EXERCICE EST EXTREMEMENT IMPORTANT car vous utiliserez ce souvenir positif durant les moments de doute pour arrêter de fumer. Choisissez donc le souvenir positif qui vous fait sentir le mieux quand vous y repensez, et prenez le temps de vraiment bien le décrire.

Situation :

_____

_____

_____

_____

_____

Les personnes autour de moi :

_____

_____

_____

_____

_____

Ce qui s'est passé :

_____

_____

_____

_____

_____

Ce que j'ai ressenti :

_____

_____

_____

_____

_____

Point d'attention :

_____

_____

_____

_____

_____

Maintenant, je vous demande de serrer le pouce dans votre main. Il s'agit de mettre votre pouce droit dans le creux de votre main droite et de le serrez avec les autres doigts. Voici une photo pour l'illustrer :

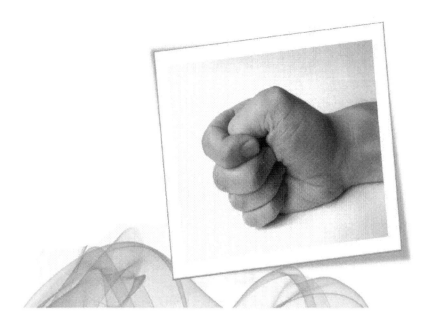

De fermer les yeux et de replonger dans votre souvenir agréable pendant 5 minutes, puis ouvrir les yeux et relâcher votre pouce et votre main. Et dorénavant à chaque fois et toutes les fois que vous serez tenté de fumer une cigarette, vous aurez juste à serrer votre pouce dans votre main et replonger dans ce souvenir agréable.

A PREVOIR

Prévoyez de boire beaucoup d'eau durant les premiers jours d'arrêt. Cela vous permettra de rester hydraté et vous aidera à éliminer les toxines de votre corps plus rapidement. Fixez-vous comme objectif de boire au moins 8 grands verres d'eau (environ 2 litres) par jour.

Prévoyez de diminuer votre consommation de caféine (en buvant moins de cafés ou plus de décaféinés). En effet la nicotine augmente la vitesse d'élimination de la caféine de votre organisme, donc sans nicotine vous n'aurez plus besoin de boire autant de café pour obtenir le même effet (la caféine aura un effet beaucoup plus fort).

Prévoyez d'avoir des encas sains à grignoter si nécessaire (carottes, oranges, pommes, etc.) aussi bien à la maison qu'au travail. Écrivez ce que vous aurez comme encas

En vous rapportant à vos tentatives précédentes d'arrêt, décidez des choses que vous allez faire pour vous aider dans votre démarche (mettre chaque jour l'argent épargné dans une boîte, etc.). Écrivez-les :

Prévoyez de contrôler votre consommation d'alcool pendant les 21 jours après votre date d'arrêt. On sait que l'alcool fausse le jugement et fait prendre de mauvaises décisions. Cela peut vous jouer des tours quand vous venez juste d'arrêter de fumer. Si vous buvez trop, vous courrez le risque de vous dire qu'il n'y a pas de mal à prendre « Juste une cigarette » ou « une seule bouffée ». Évitez donc la possibilité de ce piège.

Si vous devez aller à un évènement où il y aura le risque d'être tenté de trop boire (un mariage, une fête importante, etc.) avant la fin de la période de 21 jours, soyez déterminé à ne pas vous faire piéger.

RECOMPENSE

Écrivez dans votre calendrier la date du 21ème jour après votre date d'arrêt. Marquez-le de façon particulière (par exemple avec un marqueur fluo). C'est une étape très importante de votre réussite ! A cette date-là vous aurez été non-fumeur depuis trois semaines, qui est la période nécessaire pour établir de façon stable toute nouvelle habitude.

Prévoyez de faire quelque chose de spécial pour vous récompenser (par exemple aller dans un restaurant gastronomique, vous acheter quelque chose de spécial, passer un après-midi dans un spa/salon de beauté, etc.)

Écrivez ce que vous allez faire pour vous récompenser :

Prévoyez comment vous allez dorénavant dépenser l'argent que vous allez épargner tous les mois en ayant arrêté de fumer. Écrivez-le ici :

VOS MOTIVATIONS & ET VOS PEURS

Notez, dans la colonne de gauche, de 0 à 10 les phrases ci-dessous afin de savoir où vous en êtes aujourd'hui avec la cigarette

10 = je suis très concerné > 0 = je ne me sens pas concerné

Je me sens esclave de la cigarette

Je veux retrouver du pouvoir d'achat

J'ai envie d'avoir un enfant / Je suis enceinte

Je ne veux plus donner le mauvais exemple

J'en ai assez des mauvaises odeurs

Je manque de souffle

J'en ai assez de la toux, des maux de gorge

Mes proches aimeraient que j'arrête

La peur de souffrir d'une maladie

La peur de mourir avant l'heure

Je ne pourrais pas me passer de mes habitudes

J'ai peur d'être énervé(e) ou irritable

J'ai peur de perdre mes moments de plaisir

J'ai peur d'avoir des effets de manque (nicotine)

J'ai peur de perdre ma béquille, mon doudou

J'ai peur de compenser et de prendre du poids

J'ai peur de tomber dans une autre dépendance

J'ai peur de vivre un autre échec

Quelle note mettez-vous à votre motivation ?

Et maintenant, comparez ces résultats avec ce même tableau vu au début du livre.

Vous êtes prêt pour continuer cette belle aventure de devenir non-fumeur(se) toute votre vie.

Table des matières

Printed by Amazon Italia Logistica S.r.l.
Torrazza Piemonte (TO), Italy